To Mary

Best Wishes

9/9/07

ENLOQUECIDOS MORADORES
DE UN MUNDO SIN QUEHACER

Crazy Denizens of the Lost World

Diagramación y diseño: Gonzalo Catalán Valencia
Ilustración de portada: "Valparaíso mi amor" de Paula Caro

Impreso en Chile / Printed in Chile

ENLOQUECIDOS MORADORES
DE UN MUNDO SIN QUEHACER

Crazy Denizens of the Lost World

Todd Temkin

(Traducido por el poeta y Andrés Ferrada)

UNIVERSIDAD DE VALPARAISO

2004

AGRADECIMIENTOS

Se agradece a los editores de las siguientes revistas, norteamericanos y latinoamericanos, donde varios poemas incluidos en este libro tuvieron su primera aparición:

Agassiz Review (Banning Junction/Dos Caminos)

Aérea (Crazy Denizens of the Lost World/ Enloquecidos Moradores de un Mundo sin Quehacer, The Great Poem of the 20th Century/ El Gran Poema del Siglo Veinte, Dear Mother/ Querida Mamá, I Am Not Coming Home, Yahrzheit)

Indiana Review (Bad Poems/ Poemas Malos, My Dog's Breath/El Aliento de mi Perro)

Israel Horizons (The River Jordan/ El Río Jordán)

Porcupine (The Capitol of Nothing/El Capital de la Nada, All Those Eskimo Names for Snow/ Todos los Nombres Esquimales para la Nieve)

Pacific Review (The Old German Trains/ Los Viejos Trenes Alemanes)

Sidewalks (Driving Through Iowa on a Monday Afternoon/ Manejando por Iowa un Día Lunes en la Tarde)

Wisconsin Academy Review (The Discovery of Love/ El Descubrimiento del Amor)

Este libro no habría sido posible si no fuese por mis mentores Charles Simic, Michael Dennis Browne y el trágicamente falleci-do John Engman; a Andrés Ferrada de la Pontificia Universidad Católica de Valparaíso por su valioso apoyo como co-traductor, a Ennio Moltedo y Agustín Squella de la Universidad de Valparaíso; a Alfredo Barría del Departamento Cultura de la Fundación Valparaíso; al equipo de RIL editores; a Harold Klemp, Robert Recht, Monique Regard, Dana Roskey, Mary Carrol Moore, Fernando Cuevas, Victoria Alvarez, y muchos otros a quienes debo su preocupación. El libro está dedicado a mi señora Pilar Silva, a mis hijos Nicholas y Elyse Temkin, a mis padres Libby y Sherwood Temkin, a mi hermana Kim Taylor, y a la memoria de mi hermana Robyn Stacy Temkin.

ÍNDICE

II

III

IV

POET WITHOUT A COUNTRY

The year was 1998. I had just completed my second and final term as Chancellor of the University of Valparaíso when Todd Temkin appeared in my office for the first time. His motive? To present himself and his project for creating something called the Valparaíso Foundation, a non-profit he himself had conceived and which he boldly stated would promote the rebirth of Valparaíso as a cultural heritage site.

I had no idea who he was, but he soon filled in the details. He was a contemporary poet from Milwaukee, recently graduated from the Writer's Workshop at the University of Minnesota. He had arrived in our port to teach North American poetry at the Catholic University of Valparaíso. The passion with which he spoke was contagious. I soon realized we were a common breed, sharing not one but two loves: Valparaíso and literature. That day a relationship was born. Time has forged that relationship into a profound admiration.

Admiration first and foremost for the legacy of restoration projects Todd Temkin seems to have invented from thin air, later materialized in the surprising transformations taking place in Bellavista Hill, where the foundation's splendid campus is now located. Todd seemed ahead of his time, inspiring through example a rash of similar projects, both private and public, culminating in that ecstatic moment in 2003 when the historic quarter of our Valparaíso would be recognized the world over as a UNESCO cultural heritage site.

POETA SIN PUEBLO

Acababa yo de concluir mi segundo y último período como Rector de la Universidad de Valparaíso, en 1998, cuando apareció Todd Temkin en mi oficina de la Escuela de Derecho de esa universidad para hablarme de su proyecto llamado "Fundación Valparaíso", corporación privada dedicada a promover la cultura, el patrimonio y el turismo en nuestra ciudad. Poco o nada sabía yo de Todd Temkin en ese momento, pero al poco andar me puso al día con los detalles. Era un joven poeta de Milwaukee, Estados Unidos, recién egresado del Taller de Escritores de la Universidad de Minnesota, quien había llegado a Chile para dictar clases de poesía norteamericana en la Universidad Católica de Valparaíso. Con sólo oírle hablar de su proyecto, y comprobar que compartíamos no sólo el amor por Valparaíso, sino también por la literatura, me bastó para establecer con él una relación de confianza que, con el paso del tiempo, se transformó también en admiración.

Admiración, ante todo, por los proyectos de recuperación patrimonial que Todd Temkin ha ideado y ejecutado en el cerro Bellavista, donde se levanta la preciosa sede de la Fundación, adelantándose a otras iniciativas públicas y privadas que, en esa misma línea, iban a resultar decisivas para el éxito de la postulación de los barrios históricos de Valparaíso como patrimonio de la humanidad. Adelantándose, digo, aunque también continuando el trabajo que en el área patrimonial venían ejecutando en Valparaíso, casi en solitario, otras personas e instituciones durante las últimas décadas. Nada más hablar con él me bastó para

Todd didn't invent the idea of historic restoration in Valparaíso. Many made contributions before him, with various degrees of success and against amazing odds. But Todd brought to the table a new energy and an idea so strikingly simple it seemed almost impossible to implement in a city as socially complex as ours: For Todd, the rebirth of Valparaíso was to be a joint venture of diverse interests. To succeed we would need to put our love for the city first and our love for our particular ideology somewhere behind.

I confess my admiration, as well, for all the Valparaíso Foundation has accomplished to promote and develop the arts in Valparaíso, as demonstrated in the Valparaíso International Film, Jazz, and Opera Festivals, all organized out of that same shining beacon that is the foundation's campus perched on the edge of Bellavista Hill.

Suffice it to say that from March 2000 until August 2003, the period I served as Cultural Attaché to Chilean President Ricardo Lagos, I kept a keen eye on the Valparaíso Foundation. I found in its Executive Director and many other porteños, (so stated because Todd is as porteño as any other), all the support, stimulus, and energy needed to achieve our dream of creating a new Cultural Ministry in Chile. Pushing this bill through congress required navigating numerous hurdles. But in the end we managed not only to create the Chilean National Arts Council; we succeeded in our battle to headquarter that ministry in Valparaíso, declaring Valparaíso "Chile's Cultural Capital" by decree.

Now, six years later, I find myself face to face with the original Spanish versions of a book of poems I committed to introducing, despite certain feelings of inadequacy that I may

tener confianza en la calidad del trabajo que proyectaba Todd, quien compartía también, según comprobé en ese mismo primer encuentro, una idea tan simple, pero a la vez difícil de instalar en Valparaíso: que la recuperación patrimonial de la ciudad tiene que ser una tarea asociada, sin exclusiones, donde lo que predomine sea el amor por la ciudad y no el enamoramiento que cada cual tiene de su particular visión de ella.

Admiración, también, por lo que la Fundación a cargo de Todd Temkin ha hecho en el campo de la creación y difusión artística, como lo demuestra su contribución a festivales internacionales de cine, jazz y ópera que tienen lugar en Valparaíso.

Tengo que decir que entre marzo de 2000 y agosto de 2003, mientras me desempeñé como Asesor Cultural del Presidente Ricardo Lagos, seguí muy de cerca el trabajo de la Fundación Valparaíso y encontré en su Director Ejecutivo, como en tantos otros porteños —porque Todd es ya uno de los nuestros— todo el apoyo y estímulo que se necesitó para sacar adelante la ley de nueva institucionalidad cultural. Como se sabe, esa ley creó un Consejo Nacional de la Cultura y las Artes, con sede en Valparaíso, y tuvo que sortear varios obstáculos mientras se tramitó en el Congreso, entre otros, inesperadamente, el de haberse elegido a Valparaíso como la ciudad sede del nuevo organismo.

Pero en este momento, a seis buenos años de haberle conocido, estoy frente a los originales en castellano del libro de poemas de Todd Temkin que me comprometí a prologar sin tener mayor competencia para ello. Lector antes de novela que de poesía, suelo tener opinión sobre novelistas, mas no sobre poetas, salvo casos excepcionales, y por lo mismo evidentes, como sería hoy en Chile, por ejemplo, el de nuestro queridísimo Gonzalo

not be up to the task. More seasoned in prose than in poetry, I have tended to comment on novelists, not poets, with a few notable exceptions, such as our beloved Gonzalo Rojas.

Todd's compatriot, the novelist Philip Roth, may have exaggerated when one of his characters states that a poet and a novelist have about as much in common as a jockey and a diesel driver, but such a comment may have a tinge of truth to it. Even the highly debated Charles Bukowski saw the convergence of poetry and prose as akin to "an old train steaming down the track." That being said, it should be no surprise my first observation of these poems should be to praise the naturalness and ease of the style. Lines such a:

An ocean has less salt density
than an average tear

followed by:

I learned these and other facts
in an antique shop near
Bayfield, Wisconsin, while
a woman I thought I'd marry

fondled a bottle of Dutch
perfume plucked from between
the one-armed Jesus
and the plastic lizard

Rojas. El novelista compatriota de Todd, Philip Roth, puede haber exagerado cuando en uno de sus libros hace decir a un personaje que un poeta y un novelista tienen tanto en común como un jinete y un conductor de locomotora a diesel, pero no deja de tener alguna razón. Incluso otro notable de la prosa norteamericana, el discutido Charles Bukowski, se veía a sí mismo como una vieja locomotora bajando por los rieles desde la montaña, bufando y envuelta en una nube de polvo.

Con todo, quizás si lo primero que haya que decir respecto de los poemas de este libro es que por momentos parecen escritos en prosa —como aquél que nos cuenta que:

Un océano es menos salado
que una lágrima de mujer

seguido por:

Aprendí éste y otros hechos
en una tienda de antigüedades
cerca de Bayfield, Wisconsin, mientras
la mujer con la que me pensaba casar

acariciaba una botella de perfume
holandés hurgada entre
el Jesús manco
y la iguana de plástico

signal that we find ourselves face to face with a poet whose lyricism flows in bursts of clarity unadorned by the burdens of false poses or exaggerated gestures. To say Todd's poetry flirts with prose would not be an exaggeration.

Such ambiguity between verse and prose also reflects the curious cultural context enveloping this North American poet who lives among us, because, as much as we may consider this exiled intellectual one of our own, his is the curse of all immigrants. No matter his immense contributions to the quality of our lives, for far too many Chileans, he will always be an outsider. In such, Todd Temkin may very well qualify for the moniker of poet without a country.

But does a poet really need a country or does the mere fact of being a poet transform him or her into a person that belongs to no land in particular, and, as a consequence, to all lands and all peoples? It is not for naught that the title of this collection is Crazy Denizens of the Lost World.

In the end, each person makes his own world, as expressed in this book which states:

My mother savors a taste laden with dew
heavy in ochre

or:

the tiny white candle flickered
against a backdrop of flowering crabapples

lo cual relativiza un juicio demasiado tajante acerca de la diferencia entre novela y poesía. A mi parecer, nos encontramos delante de un proyecto poético que busca desnudar el verso de cualquier pose o gesto exagerado, una especie de desnudez que confía en el poder de la imagen por sobre de todo, sin cargar aquella con adornos superfluos que huelen de palabrería. Tal relación relativa e incluso ambigua entre verso y prosa refleja también la situación cultural en que vino a ponerse su autor de este libro al quedarse entre nosotros. Porque por mucho que consideremos ya como uno de los nuestros a este exiliado intelectual de los Estados Unidos, lo cierto es que él no deja de ser un inmigrante, un afuerino, todo lo cual podría transformar a Todd Temkin en una suerte de poeta sin pueblo. En cualquier caso ¿necesita tener pueblo un poeta o el solo hecho de ser poeta transforma a quien tiene esa condición en hombre de ningún pueblo y, por ende, de todos los pueblos? No por nada el título de este libro es el que es: "Eloquecidos moradores de un mundo sin quehacer".

Pero usted puede hacer un mundo si en un libro como éste dice, por ejemplo:

Mi madre mastica un rocío amargo
y ocreado

o:

La llama de la velita marfil se mecía
enmarcada por un fondo de manzanos en flor

19

or:

I suppose I wanted her forehead
to sprout like an iris in spring

or:

My life could be summed up
the day the city paved over my favorite creek.

We could go on and on, but in the end, we need only to move beyond the perishable nature of this foreward to enter a world that is truly worth the effort, that of the poet, that of Todd Temkin.

It is worth noting that Todd has not only undertaken the monumental task of the publishing of a book in his native tongue, he has participated in the rendering of his poems in a new language: Spanish, translating them into the later with the help of Andres Ferràda through a process of associative collaboration which both detail in attractive essays at the outset of this book. Such a process goes beyond looking for the Spanish equivalent of an English word and pushes the frontiers that permit a poem written in English to communicate authentically in Spanish. To achieve their goal, the two sat with the poems spread before them at a table for long months and put their ears to the test, waiting for that precise moment when the new version ceased to be a translation and became a new poem in its own right. The idea, as Todd states, was "to capture the spirit, music, and energy of the original."

o:

> Supongo que anhelaba ver su frente
> florecer como un castaño en septiembre

o:

> Mi vida se resume al día
> en que asfaltaron mi riachuelo favorito

y podríamos seguir así, pero para hacerlo basta con que el lector apure estas páginas prescindibles y alcance en este libro las que sí valen la pena, las de su autor, las de Todd Temkin.

Además, Todd Temkin se atrevió a publicar estos poemas en inglés y en castellano, traduciéndolos a esta última lengua con la colaboración de Andrés Ferrada, en un trabajo asociado que ambos explican atractivamente en las primeras páginas de este libro, y que consistió no en buscar la palabra castellana para su equivalente en inglés, sino en algo mucho más libre y difícil: dejar que el poema escrito en inglés hablara luego en castellano. Para lo cual ambos se sentaron durante meses a una mesa con los poemas enfrente y pusieron el oído alerta para captar como un idioma hablaba también en otro, no exactamente para traducirse, sino para formar un nuevo texto que "más que emular la forma —como dice el propio Temkin— capta el espíritu y la energía del original".

Y yo preguntaría en este momento, tanto al autor como al traductor, ¿cuál es ahora el original? ¿Hay acaso un original? ¿No son dos? Dos hermanos, ciertamente, pero no gemelos, ni

I would now ask, both of the author and the co-translator, which of these versions now qualifies as the original? Can there be an original? Or, are not they both originals, two brothers, neither identical nor fraternal twins, but brothers nonetheless, capable of seeing themselves in the other, capable of loving each other and embracing both their similarities as well as their differences?

Todd Temkin has left his mark on Valparaíso through his work as an activist, cultural entrepreneur, and model citizen. His has been an imprint that has served both as compass and moral guide. Now, with this collection of poems, he leaves a more personal legacy, which in many ways may prove even more lasting. In my personal case, it seems unthinkable to separate the civic activist from the poet from the man. I prefer to celebrate the activist, the cultural entrepreneur, the citizen, while thanking the man for taking the time to demonstrate the fine poet he also is.

The great Portuguese poet, Fernando Pessoa, once suggested that we are more than just one person, that we are indeed a treasure chest of different people. Such an idea can find no better embodiment than the author of this book.

Agustín Squella
Ex-Chancellor, University of Valparaíso

siquiera mellizos, sino tan sólo dos hermanos que son capaces de verse uno a otro en sus semejanzas y también en sus diferencias. Y de amarse, asimismo, en sus semejanzas y en sus diferencias.

Todd Temkin ha dejado ya huella en Valparaíso a raíz de su gestión cultural y de su comportamiento ciudadano. Huella como marca y como orientación o guía. Ahora, con este libro, deja una huella más personal y, en algún sentido, más perdurable. Aunque tal vez no corresponda separar en este caso al ciudadano y gestor cultural del poeta, sino celebrar que el gestor cultural y el ciudadano que es Todd Temkin hayan cedido parte de su tiempo para que se mostrara el poeta que también él es.

Uno es más de uno, uno es un baúl lleno de gente, como mostró mejor que nadie el gran poeta portugués Fernando Pessoa, y eso vale también para el autor de este libro.

Agustín Squella
Ex Rector de la Universidad de Valparaíso

NOTES ON THE TRANSLATIONS

When will you see my poems in Spanish?

For years I'd been dodging the question, seeking refuge behind a foundation that consumed my energies, convinced the few minutes I could carve out for myself needed to be channeled into new work. Then there was the new child and then the other. Meanwhile, I was chest-heavy with existentialities: I felt increasingly isolated from the insulated world of my North American contemporaries. Should I pursue my literary career here or there? In truth, I was an outcast both in the U.S. and Chile.

But the other truth is I had become comfortable residing in the ambiguous space spanning two parallel lives, an isthmus between two oceans. On one side, I continued publishing, as time allowed, in magazines. But I shared little there about my life in Chile. How could I expect readers thousands of miles away to care about Valparaíso, a city most had never heard of, independent of her nobility?

On the Chilean side, I felt no real urgency to disturb the status quo.

For better or worse, I was a public figure in Valparaíso, "Don Todd," respected by many, resented by others, a man who carried on his back taxing responsibilities and the weight of significant institutional relationships.

Did it really matter to the Mayor, the Regional Governor, to members of the President's cabinet or leaders of neighborhood

NOTA DE LOS TRADUCTORES

"¿Y tus poemas en castellano, cuándo?"

Hace diez años que pateaba la pelota. ¿Excusas? Que Fundación Valparaíso me absorbe el tiempo, que las horas que me sobran hay que dedicarlas a poemas nuevos, que me había nacido un hijo, hasta que me sentí bicho raro con eso de ser poeta gringo en Chile.

Pero la verdad es que me acomodaba vivir dos vidas paralelas, un istmo entre dos mares. Por un lado publicaba silenciosamente en revistas estadounidenses, sin contarles mucho sobre mi vida en Chile. ¿Cómo podrían comprender, mis colegas norteamericanos, la enormidad de la Fundación y su proyecto Valparaíso —hoy día convertido en un sueño que interpreta a un país y a grandes instituciones internacionales?

Por otro lado la inercia de no querer perturbar el status quo.

Para bien o para mal, el gringo era todo un personaje en Valparaíso. "Don Todd", querido por muchos, resentido por otros, una persona que llevaba sobre sus hombros el peso de grandes relaciones institucionales. ¿Les interesaría realmente al alcalde, a los empresarios, a ministros y líderes vecinales, que la persona que tenían al frente fuera el autor de versos tan íntimos como "El Descubrimiento del Amor" o tan cotidianos como "El Aliento de mi Perro"?

Fue mi amigo Alfredo Barría, Director del Área Cultura de la Fundación, quien notó que algo no andaba bien y que, a pesar

watch groups that the man sitting in front of them was the same person who wrote "The Discovery of Love" or "My Dog's Breath?"

I guessed not.

It was my dear friend, Alfredo Barrìa, the Valparaiso Foundation's renowned cultural director, who diagnosed that something was terribly wrong. This was the year Valparaiso had been declared a UNESCO World Heritage Site and Chile's new cultural capital. Our tiny world effervesced all around us. But Alfredo found me increasingly edgy, disjointed, fatigued, and— why not state the obvious?—trapped within the belly of the monster I had created.

Alfredo's diagnosis struck to the marrow: the fiction of the isthmus had to go. The two seas had to be brought together. The President of the Valparaiso Foundation needed his own Panama Canal.

Alfredo sat me down with the poet Ennio Moltedo, advisor to the University of Valparaiso Press. We looked over my previous publications and together we mapped the course for this project. As my co-translator, I chose Andres Ferrada, a young literature professor I had met from my days teaching at the Catholic University of Valparaiso. As our principle resource, we agreed on Robert Bly's *The Eight Stages of Translation*.

Bly's hypothesis seemed a fitting genesis. We would abandon the historical concept of translation by embracing its impossibility. In the process, we would accept that the most flattering gesture for any poem is to create in a second language a new work that somehow emulates the spirit, music, and energy of the original.

de haber alcanzado Valparaíso este año el título de Patrimonio de la Humanidad, yo me sentía fatigado y, por qué no decirlo, atrapado en el monstruo que había creado.

Alfredo achuntó en su diagnóstico. Mantener la ficción del istmo me hacía daño. Había que unir los dos mares. Al Presidente de la Fundación Valparaíso había que escarbarle su propio Canal de Panamá.

Alfredo me juntó con Ennio Moltedo y, juntos, empezamos a trazar la forma que tomaría el proyecto. Como co-traductor, escogí a Andrés Ferrada, un joven académico que conocí cuando ambos dictábamos cursos de literatura norteamericana en la Pontificia Universidad Católica de Valparaíso. Utilizamos como texto base el libro *Las Ocho Etapas de la Traducción*, de Robert Bly.

Bly propone abandonar el concepto histórico de la traducción, abrazando su imposibilidad, aceptando que el mejor halago para un verso es hacerle un poema nuevo, que más que emular la forma capta el espíritu y la energía del original.

Andrés y yo nos juntamos una vez por semana durante ocho meses. El preparaba un primer borrador de cada poema en castellano. Juntos, entre té verde y galletas, partimos como un cardumen de hambrientas pirañas, atacando cada eufemismo, cláusula, metáfora, pose y gesto que teníamos por delante.

Así no debe sorprender si un poema que se estructura a través de estrofas de cuatro líneas en inglés aparece con estrofas de seis en castellano, o si una metáfora en la lengua materna sea desechada descaradamente por otra imagen distinta en español. Puede ser que demasiadas veces nos desviamos de lo literal. Aprendimos que, al quedarnos estancados frente a alguna imagen

Andres and I met once a week for eight months. He prepared a first literal translation and a second, "first approach," Spanish version. Then, together, sipping green tea with cookies dipped in white chocolate, we'd lunge into the poems like a school of hungry piranha, gnawing to the bone every clause, metaphor, euphemism, pose, and gesture.

On many occasions we sidestepped the bushes only to get lost in the forest, transforming entire structures, abandoning anything we deemed "untranslatable energies" into something unrecognizably different, but which more often than not, captured more or less the spirit of the original.

Bilingual readers can rest assured that all such detours are very conscious decisions, generally proposed by the poet, and discussed into the dawn with the translator, who expatiated with great force on the strengths, weaknesses, and implications of each alternative.

Little by little, we stood back in wonder as new poems began to appear. They weren't perfect copies of the originals, but they didn't want to be, either. Each had a bit of its own genius, and many even boasted a dollop of Chilean identity. (Chilean readers will get a kick out of seeing that "beans and rice" have been substituted for "porotos granados," a dish so typically local even Mexican or Peruvian readers will scratch their heads and wonder.)

I will forever be grateful to Andres for the passion he dedicated to this project, at times equal or greater to my own. I can only wish that other poets could have readers like him, someone to dialogue with for hours on end, until the sun dips its spatula-arm into the horizon, until the harbor consumes itself

intraducible, había que soslayarla en busca de alguna genialidad en castellano que le hiciera el peso.

Todas han sido decisiones conscientes, en general propuestas por el poeta, y discutidas hasta la madrugada con el traductor, quien explayaba con gran lucidez las fortalezas, debilidades e implicaciones de cada estructura propuesta.

Poco a poco, tanto Andrés como yo veíamos con asombro que los poemas empezaban a aparecer. No eran los originales, por cierto, pero tenían algo genial, algo de identidad propia. Efectivamente, eran capaces de pararse solos frente al mundo de las palabras en español.

Estaré eternamente agradecido a Andrés por la pasión que dedicó a este proyecto, que, a veces, me pareció igual o superior a la mía. Ojalá que cada poeta tuviera un lector como él, alguien con quien tertuliar durante horas a medida que el sol se zambulle en el horizonte; quedándonos encandilados frente al obstáculo de un gerundio, mientras la noche preparaba su mantel de brumas y los gatos maullaban, "basta de tanta poesía, por favor".

Todd Temkin
Valparaíso, 2004

29

with the mists of the three-quarter moon, until Rumi and Kabir,
our two Himalayan cats, arch their backs and meow indignantly,
"That's enough poetry for the evening, please."

Todd Temkin
Valparaíso, 2004

It is oft stated that poetry resides precisely in those aspects that escape the translator's reach. For years, the axiom haunted me, keeping me at arm's length as I pondered the challenge of transforming the textures of English poetry into Spanish. Hence, my approach to Anglo-Saxon poetry took the form of aesthetic appreciation carefully circumscribed within the boundaries of the original language.

I had been an avid reader and teacher of contemporary North American poetry, not a translator. But just as sentences inevitably invert upon themselves, so does silence begin to intimate utterance into sound. I would eventually translate poetry. What was lacking was the convincing stimulus required to emerge fully into a new destiny.

Such circumstance was crystallized in Todd Temkin. It was the poet who unknowingly incubated the translator. Yes, I had produced some poetry translations—deliberately called "exercises"—since the euphemism allowed me to attenuate the profanity of those first versions. But the challenge Todd proposed was far more complex in nature.

First, there was the element of working with a living poet, enlivened by dialogue and conversation between author and translator. Translating a poet living in Valparaíso in 2003 seemed simultaneously more and less intimidating than translating an invisible or dead author. Interactions became enriched, particularly through convergences and divergences which, far from blocking

Es común escuchar que la poesía es todo aquello que el acto de traducción no logra expresar. Son palabras que siempre lograron provocar en mí el efecto tan ingeniosamente preconcebido: mantenerme a raya cada vez que intentaba desnudar algún verso en inglés y vestirlo con la textura del castellano. Una especie de advertencia, sutil y encubierta. Tanto así que mi acercamiento a la poesía anglosajona se perfiló como la búsqueda de una apreciación estética circunscrita dentro de los límites de la lengua original.

Y así fue como mis diálogos con la poesía privilegiaron la mirada del lector que soslayó la voz del traductor. El silencio, sin embargo, inevitablemente dio paso al sonido, así como las sentencias finalmente terminan por llamar al desacato y la trasgresión. Ahora sólo necesitaba una circunstancia convincente para efectuar con audacia este cambio de perspectiva.

Dicha circunstancia se materializó, o más bien corporeizó, en Todd Temkin. Fue el poeta quien sin saberlo estimuló la aparición lírica de mi yo traductor, hasta entonces celosamente reservado a la prosa. Es cierto que con anterioridad había producido algunas traducciones de poemas —tanto escritas como mentales— a las que me refería tan sólo como "ejercicios", eufemismo que me permitía mitigar el alcance de la supuesta profanación. Por ello el desafío que me planteaba Todd, de sumo interesante y complejo, distaba mucho de ser minúsculo.

En primer lugar significó una aproximación directa a la obra de un poeta vivo, mediada con diálogos y conversaciones entre

the road to understanding, fostered a stimulating and more expansive realm of diverse meanings.

Todd had communicated from the get-go that ours would be a project pushing the borders of linguistic translation. More crucial than words would be the effective conveyance of the emotional atmosphere lying at the core of the poems. Even though it may seem obvious that poetry translation must eschew literal strategies, I couldn't help but wonder how we would approach the most subtle sentiments, sensations, and impressions etched against a mind and heart that was not my own.

The reception of the poems was another complex issue. Todd and I both agreed the translated poems should not be read as replicas of their original. Much like a double-faced mirror that simultaneously reflects its own image and the images surrounding it, every single poem became a true reflection of itself and its interpretation.

It is likewise important to stress the process of becoming, since the poems experienced a series of revisions, transformations, and orientations that ultimately derived from self-contained compositions. It was during this stage of the process that I most insistently questioned the idea that "poetry resides in those aspects that translation cannot reach." It was clear that the collaborative act of co-translation resulted in new poems, evoking novel impressions. To materialize the organic transformation, Todd had to position himself in a tri-dimensional perspective: poet, reader, translator. Such a position favored both abstract and concrete abilities. Reading the original poems in their native tongue, prior to meeting *in situ*, I was somehow able to imagine the poet at work, creating, re-interpreting and transforming his

autor y traductor. En tal sentido, nuestra contemporaneidad no es un asunto leve. Traducir los trabajos de un poeta que reside en Valparaíso el año de 2003 es un proceso diametralmente distinto al que plantea la traducción de poemas de un autor invisible o ya muerto. Es evidente que el grado de interacción se enriquece sobremanera, en especial gracias a la emergencia natural de divergencias y convergencias que, lejos de entorpecer, permitieron una negociación argumentada del significado.

En segundo lugar la apuesta de Todd implicó no sólo una traducción lingüística, sino también comunicar efectivamente la atmósfera emocional presente en cada uno de sus poemas. Y aún cuando sabía que nuestro enfoque prescindiría de estrategias literales, con frecuencia me sorprendía a mí mismo con la pregunta, "¿es posible acaso traducir un sentimiento, una sensación, una impresión forjada en una mente y en un corazón que no son los míos?" Es probable que el poeta haya intuido mi desazón al respecto, ya que sus clarificaciones en extremo lúcidas y coherentes me dejaron entrever que no sólo es posible, sino también inevitable expresar esas pequeñas grandes verdades gestadas en una reflexión íntima.

Otra cuestión compleja fue la relativa a la recepción de los poemas. Es decir, las lecturas de los versos en castellano en relación con sus hermanos en inglés. Cada poema traducido no debería leerse como una réplica exacta del original. Me parece más bien que cada poema *se convirtió* en un fiel reflejo de sí mismo y de la interpretación de que fue objeto. Algo así como un espejo doble que proyecta simultáneamente su propia imagen y las imágenes que le circundan. Subrayo el proceso de conversión ya que los poemas experimentaron una serie sucesiva de revisiones, trans-

own verses. When such encounters actually initiated, the image transformed itself into startling reality.

If the poet had leaned an inch or two toward complacency, none of the references to dedication, passion and rigor heretofore stated would have been pertinent. More often than not, it was the poet, and not the co-translator, pushing the envelope when a certain challenge implied detouring drastically from the original text. It should be stated that Todd is a creator who pays meticulous attention to detail, delighting in the sound, taste, and smell of word and stanza. I learned through Todd the names of at least seven exotic birds, heretofore inexplicable nuances of light, and uncountable ways to convey the unconveyable. Many minutes elapsed with the poet in relative trance, while I tried to seize his ponderings and trace them into words, all before the mystified gaze of two Himalayan cats, Rumi and Kabir, who, tired of waiting for us to climb down from Parnassus long enough to stroke their respective chins, finally surrendered to the peaceful environs of sleep.

I am deeply grateful to Todd for entrusting me with a passkey to his complex inner world. I recall having told him that one of my goals was the desire to discover something new about myself both as a reader and translator of poetry. Mission accomplished. Most important of all, I thank Todd for having communicated with relative certainty that human beings, like poems, are souls in a body and not bodies with souls.

Andrés Ferrada
Valparaíso 2004

formaciones y orientaciones que derivaron en composiciones orgánicas, autosuficientes. Fue en esta etapa en la que con mayor fuerza cuestionaba la sentencia "la poesía es todo aquello que el acto de traducción no logra expresar". En el caso específico del trabajo de co-traducción de los poemas de Todd, era evidente que el resultado derivaba con naturalidad en *otros* poemas que prodigaban novedosas impresiones. Lo anterior exigió que Todd se enfrentase a sus propias creaciones desde un ángulo tridimensional, como poeta, lector y traductor. Pueden imaginar la capacidad de abstracción, creativa y artística que dicha tarea implica. Durante el proceso de lectura de los poemas en inglés previo a las reuniones de trabajo *in situ*, logré imaginar lo que le esperaba a Todd: mi mente dibujó a un poeta que crea, re-interpreta y transforma sus propios versos. El dibujo, una vez iniciadas las reuniones, fue real.

Fui testigo presencial del esfuerzo que significó materializar una realidad poética ya existente al castellano. Si el poeta se hubiese dejado seducir por la autocomplacencia, cualquier referencia a las reconfortantes connotaciones de las palabras dedicación, pasión y rigor estaría de más. Creo que ellas son las que mejor reflejan la actitud crítica de Todd ante sus poemas. Él es, ante todo, un creador paciente, meticuloso, alerta a degustar y absorber el sabor de las palabras. Y me las dio a probar. Aprendí los nombres de por lo menos siete aves exóticas, las distintas formas del destello, y otras tantas para decir lo indecible durante las recurrentes pausas en las que el poeta revisaba en su imaginación la palabra precisa que habría de completar el verso inconcluso. Mientras, los minutos pasaban, marcados por el monótono latir del cursor en la pantalla del computador. Y yo, intentaba

dar en el clavo con este término o este otro, buscándolo en la mirada perpleja de los dos gatos que, ante la investida de estas encrucijadas, optaban por la placidez del sueño.

Al terminar quisiera agradecer afectuosamente al poeta Todd Temkin su invitación a participar en este proyecto y, en particular, la confianza que depositó en mí al hacer que la voz del traductor lírico hablase. Recuerdo haberle dicho que una de mis aspiraciones al finalizar el proyecto era descubrir algo más sobre mi yo lector y mi yo traductor de poesía. Fue un deseo que también se materializó. Y agradezco el gesto de haber compartido conmigo la certeza que, al igual que los poemas, los seres humanos somos almas en un cuerpo.

Andrés Ferrada
Valparaíso 2004

Robyn Stacy Temkin
(1959-1981)

I

CRAZY DENIZENS OF THE LOST WORLD

It seems every Chilean has seen at least two UFOs.
Lucy and Mario, for instance, glimpsed sixteen oblong discs
hovering over the coastal cordillera at dusk.
They went home and made love, while
street kids played soccer in the lamp-lit night.

I stare from my window at the illuminated masts
of the fishing fleet shimmering back and forth
in the evening tide. I wonder what superior beings
must think of us, the last utopians, reciting Garcia Lorca
over beans and rice, crazy denizens of the lost world.

My wife is a sky searcher, and she's been lucky twice.
The first time in a taxi after midnight mass
the night they put Grandma Elisa into the ground.
The blue and orange flash flickered like a dervish
dancing to flutes only dogs could hear.

Everyone saw it but my father-in-law, Jorge.
He spent his life selling Patagonian lamb to the
predecessors of supermarkets. Now he seduces himself
to sleep counting blissfully butchered sheep
in a world that couldn't care less about economies of scale.

ENLOQUECIDOS MORADORES
DE UN MUNDO SIN QUEHACER

Da la impresión que cada chileno ha visto por lo menos dos ovnis.
Lucy y Mario, por ejemplo, vieron dieciséis platillos
sobrevolando la cordillera al atardecer.
Se fueron a casa y hacían el amor mientras
tres niñitos jugaban a la pelota a la luz de un poste.

Mi ventana contempla los mástiles iluminados
de la flota pesquera centelleando la marea del anochecer.
¿Qué dirían esos otros seres de nosotros, los últimos utópicos,
hojeando a García Lorca, comiendo porotos granados,
enloquecidos moradores de un mundo sin quehacer?

Mi esposa es una miracielos y le achuntó dos veces.
La primera en un taxi después de la misa,
cuando sepultaron a la abuela Elisa.
La luz azul anaranjada ardía como un derviche
danzando al ritmo de flautas que sólo los perros podían escuchar.

Todo el mundo lo vio, menos mi suegro, Jorge.
Su vida se fue vendiendo cordero patagónico
en los albores de los supermercados. Ahora se seduce
al sueño contando ovejas faenadas
en un mundo que no está ni ahí con las economías de escala.

Meanwhile, the economy of my life is spinning out of control.
According to my calculations, every cell in my body
is regenerating so fast that by the time I finish this
I will no longer have the same esophagus, bladder,
toes, or lungs. I see myself plummeting

from life to life in an inter-dimensional void,
testifying to the divinity of human pestilence and rot,
stacking the toenails I pluck into little piles
that drive Pilar crazy. I explain I am leaving a trail
for advanced civilizations to find.

I see it happening one night after making love,
curled up by candle-light, musk oil burning in the lamp,
musing to the vicissitudes of the slope of her hip.
The world inverted, our tenderness
exposed, our wills evasive.

That is how I want to be found: naked, my cells
regenerated, my semen off and running in search
of intelligent life elsewhere in the universe.
At the threshold of a new life I will sleep like a baby,
my soul dancing that limp gig with a smile on its lips.

Aquí, la economía de mi vida se dispara fuera de control.
Según mis cálculos, cada célula de mi cuerpo se está
regenerando tan rápido que al terminar esto
ya serán otros, mi esófago, mi vejiga, mis dedos,
mis pulmones. Me veo en caída libre,

desplomado de vida en vida, arrojado en un vacío interdimensional,
dando testimonio a la divinidad de la pestilencia,
apilando las uñas de mis pies en montoncitos
que enloquecen a Pilar. Explico que estoy dejando huellas
para que civilizaciones más avanzadas nos puedan encontrar.

Lo veo sucediendo una noche después de hacer el amor,
acurrucados a la luz de una vela, la esencia del almizcle
evaporándose en la lámpara, musitando a las vicisitudes
en la sinuosidad de su cintura. El mundo estará al revés,
nuestra ternura expuesta, nuestras voluntades evadiéndonos.

Así es como quiero que me encuentren: desnudo, mis células
regeneradas, mi semen vaciado, fluyendo en busca
de vida inteligente en algún punto del universo. En el umbral
de la vida dormiré como niño. Mi espíritu torpe y feliz,
mi cuerpo un monumento a la flacidez, mi sonrisa una serpiente.

YAHRZEIT

My mother savors a taste laden with dew,
heavy in ochre. She shrugs among
the pink carcasses of hoofed snapdragons,
disentangles disembodied hydrangea.

She has come to calling her Rosy,
the sandy yearling doe who has been
eating her roses, a chubby mélange of brown
belly-spots and baby fuzz behind the ear.

Now she kneels into the silt and digs
at the earth with her long white hands.
Will she find my lost sister there,
dead nineteen years on Thursday?

Or will she excavate the lost scales
of violin melodies she ceased to play
when Robyn was born, baptizing the lost recitals
Bib Lettuce, Basil Sprigs, White Asparagus?

She kneels into the silt and digs
at the earth with her long white hands.
Last night, at dinner, we began
arguing about spirituality again:

YAHRZEIT[1]

Mi madre mastica un rocío amargo
y ocreado. Sus hombros se caen
entre la maurandia pisoteada,
embalsamando los restos
de ligustrina al azar.

La llama Rosi, la cervatillo
polvo y arena
que se ha estado comiendo sus rosas;
con su surtido de manchas café
y las pestañas a medio crecer.

Ahora la veo de rodillas, escarbando
la tierra con azadón de manos blancas.
¿Encontrará allí a mi hermana muerta
ya diecinueve años sin cosechar?
¿O excavará las notas inconclusas

del violín que dejó de tocar
cuando Robyn nació,
bautizando los recitales perdidos
Lechuga Escarola, Ramito de Albahaca,
Espárrago Blanco?

---

1. Palabra hebrea que alude al aniversario del fallecimiento de un ser querido. Se
conmemora prendiendo una vela que dura veinte cuatro horas.

Mother said God is memory. I agreed. Only
I insisted that some memories linger in the air
since before we were born. Mother rolled
her eyes. Then I tried to slip her some techniques

I'd learned for listening to the music
of the spheres. She asked me to pass the salt
and plucked out a cardamom pod
I had left in the lamb curry.

The first week of August she gets religious
again, stepping into the synagogue gift shop
for the first time since Yom Kippur.
The tiny white candle burned

amongst a backdrop of yellow crabapples.
Now she kneels into the silt and digs
at the earth with her long white hands.
Rosy was back last night and brought three friends.

We stood and watched while the curry went cold.
In the waning dusk we froze, caught
in the headlights of that deer's motionless air.
We marveled at that pudgy yearling grace,

the patient timidity. So this is God,
taking away the fruit of our lives:
so scrumptious, so delightful, so much
more beautiful than we had ever imagined.

La veo arrodillada, escarbando
la tierra con azadón de manos blancas.
Anoche, en la comida, nos volvimos a topar.
"Dios es memoria", me dijo,
mientras yo insistía en mi deidad encapullada

de sueños tergiversados despiadadamente
sin reconocer. Me pidió que le pasara la sal,
extrayendo una pepita de cardamomo
que había dejado en el curry del cordero.
La primera semana de agosto

se pone religiosa de nuevo, de compras
en la tienda de la sinagoga
por primera vez desde Yom Kippur.
La llama de la velita marfil se mecía
enmarcada por un fondo de manzanos en flor.

Ahora, la veo arrodillada, escarbando
la tierra con azadón de manos blancas.
Rosi volvió anoche con tres ciervos alrededor.
El curry se entibiaba
en el encandilar del atardecer.

Nos sentimos atrapados en la luz
de ese ciervo pueril,
gozando los pétalos
de nuestro procrear
consumido en su trance de dulzura brutal.

EL ALIENTO DE MI PERRO

¿Cuál es tu secreta combinación
de hierbas y especias?
¿Qué delicada mezcla de pelusa y calcetín?
¿Cuál es el aceite preciso

que transpiran tus poros genitales?
Caminando por la calle me sorprenden
sorbeteos: hallulla color esmeralda,
caca de gato, cáscara de naranja acartonada.

Mi pez gato, me doy vueltas en la noche
buscando a tientas la nuca de Pilar
y ahí te encuentro; roncando extasiadamente
hacia el espacio, tus patas al aire, tu boca abierta.

DEAR MOTHER

The plump gypsy said,
"You've lost thirteen pounds
since your past life in Tegucigalpa."

What do you expect for fifty pesos?
I suppose I wanted her forehead
to sprout like an iris in spring.

I wanted her palms to envelop my wrist
like Grandma's the night she offered
to save my soul from the dark, goyish archangel.

The hippies in this town are the ugliest
I've seen, all knotted hair
and Che Guevara t-shirts.

Beautiful. Walking home I smell
piss rising from the chest of a man
married to a pigeon's ankles

side-stepping vomit sprinkled
so copiously on the cobbled stair
it seems an ancient mariner's map

QUERIDA MAMÁ

La gitana rellenita me escupió.
¿Qué más se puede esperar por cincuenta pesos?

Supongo que anhelaba ver su frente
florecer como un castaño en septiembre.

Hubiese querido que sus palmas envolviesen mi mano
como las de mi abuela antes de morir.

Los hippies de esta ciudad son los más feos que he visto,
puros pelos enmarañados y poleras Che Guevara

de apolillado desteñir. Escalando, siento orina subiendo
del pecho de un hombre casado con patas de paloma

y soslayo el vómito salpicado tan generosamente
sobre el peldaño de adoquín que se despliega

como un viejo mapa marinero trazando el único paso
entre los sinuosos fiordos de la muerte, y, detrás de él,

un ramo de jazmín se desparrama con su perfumada sonrisa
de lila aperplejada, enroscada entre las balaustres oxidadas.

charting the safest route through
the canals of Cape Horn,
and beyond him the first

jasmine droop,
propping their pink heads
among the rusted balustrades.

BAD POEMS

The best thing about being a cuckold
is the utter cacophony of the word,
crashing you back to earth
after months of crazed blathering
Oh, buttercup of primrose!
Oh, ecstatic avenue of sulfuric sky!

Lust begets bad surrealism.
I remember writing
Oh, to walk hand in hand along the fastidious tamaracks
after an old man shouted, "Get a room,"
while we necked outside the Retired Mariner's Home
in Duluth, Minnesota.

I've learned to judge the quality of my poems
by the way they attract stray dogs
and in those days there were many—
enough to scare away the birds
and leave the stars for us,
enough to fill a field, had we wanted,
and we did.

POEMAS MALOS

Lo único rescatable de ser un cornudo
es la cacofonía que ocurre
cuando dices cornudo, cayendo
de bruces, devuelto a la tierra
después de tanto volar
entre las histriónicas coplas de un miembro embalado:
¡Oh, jazmín de magnolia elucubrada!
¡Oh, extática avenida de sulfúrico cielo azafranado!

Mucho sexo engendra un mal surrealismo.
Recuerdo haber escrito
Oh, arrebato de brazos enternecidos entre los aromos fastidiosos.
después de que un viejo gritara,
"¡Váyanse a un motel!",
mientras nos manoseábamos afuera de la Casa de Reposo
de los Marineros Jubilados
en Duluth, Minnesota.

He aprendido a juzgar la calidad de mis poemas
por su capacidad de convocatoria entre los caninos callejeros
y en esos días no escaseaban,
tantos como para ahuyentar a los gorriones
y dejar las estrellas para nosotros,
había suficientes como para llenar un bosque
si hubiésemos querido,
y así fue.

THE DISCOVERY OF LOVE

Cave dwellers wore primitive hats
to protect themselves from the sun.
An ocean has less salt density
than an average tear.

I learned these and other facts
in an antique barn near
Bayfield, Wisconsin, while
a woman I thought I'd marry

fondled a bottle of Dutch
perfume plucked from between
the one-armed Jesus
and the plastic lizard.

Later, she would dump me
for a Kung Fu instructor,
canceling the wedding
via U.S. mail.

The first poems
were probably grunts
performed rhythmically
over fires, but that night

EL DESCUBRIMIENTO DEL AMOR

El homo erectus ya llevaba sombrero
para protegerse del sol.
Un océano es menos salado
que una lágrima de mujer.

Aprendí éstos y otros hechos
en una tienda de antigüedades
cerca de Bayfield, Wisconsin, mientras
la mujer con la que me pensaba casar

acariciaba una botella de perfume
holandés hurgada entre
el Jesús manco
y la iguana de plástico.

Más tarde me dejaría
por su instructor de Kung Fu
cancelando la boda
por correo certificado.

Los primeros poemas
fueron gruñidos
cantados rítmicamente
sobre fogatas, pero esa noche

we had sex three times
in a one-man tent and that
was all I really wanted to know
about the discovery of love.

Yes, I believe soul
is a spark of God and, yes,
I believe in dreams that link
life to life to life,

but that night I guess
I'd have traded two thousand
lifetimes for one more ride
on the proverbial horse.

Plants grow better listening to Mozart.
Scientists try to explain *déjà vu*
pointing to a trigger in
the pleasure center of the brain.

Twelve years later, I pencil
"forgiven" on an old postcard
dropped from the meandered
pages of that same book of facts,

wondering, who was that naked man
screaming, "What have I done?"
as he listened to an owl cry in the forest
during a drizzling rain.

se la encajé tres veces
en una carpa de metro por dos
y eso era todo lo que quería saber
sobre el descubrimiento del amor.

Sí, creo en el alma
que no sabe morir, y más
de una vez he soñado vidas
de perpetuo despertar,

pero supongo que esa noche
habría aceptado el karma de dos mil vidas
si sólo me hubiesen dado la fuerza
para otro montar.

Las plantas crecen mejor escuchando a Mozart.
Los científicos tratan de explicar el *déjà vu*
indicando un gatillo de placer
en la corteza cerebral.

Doce años después, esbozo
"te perdono" sobre una vieja postal
que se desliza entre las páginas
de aquel almanaque, preguntándome,

¿quién era ese hombre desnudo
gritando, "¿Qué he hecho?"
mientras el ulular de una lechuza
reverberaba en un bosque de incansable lloviznar?

2

THE CAPITAL OF NOTHING

"This tree supports my great distrust
for all schools of thought."

John Engman,
One Way of Looking at Wallace Stevens

My father was too young to fight in the Great War.
He received experimental contact lenses instead—
huge gray discs the size of a nickel, stolid convexities
reeking of self-sacrifice, wholesomeness, and the National Trust.

He practiced his principles pouring over Texaco street maps
that guided him through the seventies, exploring
every small foundry in a five-state world defined by oceans
named Rhinelander, Moline, Sandusky, and Kalamazoo.

Five states were big enough for me then. The smells of zinc
shavings, brass alloys, and burned silica sand the a, b, and c
of a syllogism purporting a hierarchy of logic designed
to support gray days and black winter afternoons. In 1971,

my parents studied ballroom dancing on the Pacific Princess
and I have been dodging my mother at weddings and Bar Mitzvahs
ever since, pummeling my soul at thirteen with cheap champagne
and Maneshevitz sucked down in shot-like gulps.

LA CAPITAL DE NADA

"Este árbol expresa mi desconfianza
hacia todas las escuelas de pensamiento humano".

John Engman,
Una Forma de Mirar a Wallace Stevens

Mi padre no alcanzó a luchar en la Gran Guerra.
A cambio, le dieron lentes de contacto—
inmensos discos grises, parecidos a dos monedas de diez pesos,
convexidades que hedían a auto-sacrificio, sobriedad,

y el amor a Tío Sam. Puso en práctica
sus principios desenmarañando
mapas marca Texaco que lo guiaban
por los años setenta, visitando

puerta a puerta cada pequeña fundición
dentro de un mundo de cinco estados
limitado por océanos llamados Rhinelander,
Moline, Sundusky y Kalamazoo[2].

Cinco estados me parecían un mundo
en ese entonces. El olor a polvo de zinc,
las aleaciones de bronce, y la arena industrial
conformando el a, b y c

2. Cuatro pueblos industriales del sector Norte del Medio Este de los Estados
   Unidos.

I was the last one in the family to suffer from myopia
and the first to read of the exploits of Copernicus
as explained in the 1964 World Book Encyclopedia,
my Old Testament and savior.

I was compiling a list of famous Poles, but quit
upon pondering the sweetness of my grandmother's lips
captured in a family portrait snapped somewhere
near Krakow in the 1920's. I have spent twenty-five years

recapitulating the glory of my greatest achievement:
having memorized, at age seven, every state capital
and the populations of the world's great metropolitan areas:
Shanghai, Sao Paulo, Calcutta, Tokyo, Peking.

Little does it serve me now, except to emphasize that,
although Atlanta, Phoenix, and San Antonio have doubled
in size, Milwaukee has stayed the same, defeating philosophers
as great as Blake and Whitman who believed that life

is change revitalizing energy whirled into a multiplicity
of forms. Milwaukee is what I imagined Poland to be, constant
and stoic, underwhelming and cold. My life could be summed up
the day the city paved over my favorite creek:

it's about good drainage and waste removal, little lives
that dare to step out of their silent shelter and
into the light. It's about finding a snow plowing service
that doubles as a landscaper in the summer.

de un silogismo que señalaba
una jerarquía lógica cuyo propósito principal
era hacernos aguantar la inaguantable opacidad
de los lúgubres atardeceres de invierno.

En 1971 mis padres aprendieron a bailar
en el Crucero del Amor.
Desde entonces esquivo a mi madre
en matrimonios y Bar Mitzvahs, aporreando

mi alma desde los trece con champagne barato
y vino dulce tomado al seco.
Fui el último Temkin en sufrir miopía
y el primero en leer las hazañas de Copérnico

en la Enciclopedia Universal de 1964,
mi Viejo Testamento y salvador. Preparaba
un listado de polacos famosos, pero desistí
al contemplar la dulzura de mi abuela

capturada en un retrato tomado en Cracovia
cerca de 1920. Llevo veinticinco años
recapitulando la gloria
de mi único logro que vale la pena:

haber memorizado, a los siete, las capitales
de los cincuenta estados y las poblaciones
de los grandes centros urbanos. Shangai,
Sao Paulo, Calcuta, Tokio, Pekín.

It's about cheering silently for the doe who lunches
on my mother's tulips. My father taught me
we were the capital of beer and outboard engines.
He said, "Harley Davidson, now that's a motorcycle."

I memorized the width of the world's largest four-faced clock,
calculated the percentage of the world's fresh water
contained in Lake Michigan. At sixteen, Schlitz moved
to Detroit, and I began the slow pilgrimage toward knowing

that Copernicus was right: it is better to be starry-eyed
and insignificant, a dot in an infinite field, the capital
of nothing, than to cling tenaciously to our own delusions
whose deaths will go unnoticed by the stars.

My grandmother was no more beautiful than yours.
Dance. A foundry is as good a place as any to measure
the state of the universe, the railroad tracks of dreams,
the silent, invisible symphony of the sky.

De poco me sirve ahora, salvo
para enfatizar que aunque Atlanta,
Phoenix y San Antonio han duplicado
su tamaño, Milwaukee sigue siendo

lo mismo, desafiando a pensadores
tan grandes como Blake y Whitman
quienes creían que la vida era cambio
pulsando eternamente como remolinos

que hacían girar universos de universos
expresados en una multiplicidad de formas.
Yo imaginaba que Milwaukee era igual
a Polonia, prosaica, constante, estoica y fría.

Mi vida se resume al día que asfaltaron mi riachuelo favorito:
Se trata de tener buen drenaje, un buen sistema
para retirar escombros: ¿Lo máximo?
Encontrar un solo servicio que retira la nieve

en invierno y corta el pasto en el verano.
Me consolaba alentando al ciervo
que saboreaba los pétalos del jardín de mi mamá.
Mi padre me aseguraba que vivíamos en la capital

de la cerveza y de los motores.
Decía, "La Harley Davidson, ésa sí que es una moto".
Memoricé el ancho del reloj más grande del mundo,
calculé en 8%, el porcentaje de agua dulce mundial

que se encontraba en el lago Michigan.
Pero a los dieciséis, la gran cervecería Schlitz se trasladó a Detroit,
y empecé el lento peregrinar hacia el entendimiento
que Copérnico tenía razón:

es mejor ser un miracielos insignificante,
un punto más dentro de la infinitud,
la capital de nada, que aferrarse a ilusiones
que se desvanecen ante el impasible fulgor de las estrellas.

Mi abuela no era más hermosa que la tuya.
Bailemos. Una fundición es un lugar
tan bueno como cualquiera
para dimensionar el estado del universo,

sopesando la carga y descarga
de los sueños en rieles, guardando
silencio ante la inmensa maquinaria
de la invisible y callada sinfonía del cielo.

ALL THOSE INUIT NAMES FOR SNOW

My mother is watching her mother die.
Gravity has declared war against the lower lip.
Salt has worn to fine gauze the threads

sprouting from the inner ear. For each one
that goes, we must learn a new word
for what we think life is, what we dream

it will be. Among our tricks and screams
and flowered boudoirs, we must all wear once
the wedding gown stained with a mother's blood

or dance the implicit waltz while meandering
to victory with a swollen hand.
I will feed the cat when you're gone.

This is my promise.
The first one to wake whispers to the other:
poinsettia, aspen, sweet fig, dream of orchid, rose.

AQUELLOS NOMBRES ESQUIMALES PARA LA NIEVE

Mi mamá esta mirando a su mamá morir.
La gravedad da la guerra al labio inferior.
La sal corroe los pelos que le cuelgan

de orejas que no saben oír. Por cada cosa
que se nos va, inventamos una palabra
para todo lo que uno quiso pero no supo decir.

Entre tanta pose y truco, entre tanto ardid
y engrupir, todos tenemos que ponernos una vez
el traje de novia manchado con sangre de mujer

y bailar condecoradamente el vals
de la victoria con uniforme de manco.
Yo le daré comida al gato cuando tú ya no estés.

Esta es mi promesa.
El primero en despertar susurrará al otro: gladiolo,
flor de azahar, higuera dulce, sueño de orquídea, rosa.

THE TRUTH ABOUT NOAH

The laudable thing about these leaves
is that their conversation about wings
was over long before they began to ramble on
and on about the great celestial flood.

By then they had gotten over that business
about being left off the ark, but don't
get them started on the ice age, the
Republican convention, or Generation X.

The truth about Noah, I once heard them say,
is the truth about all men: lack of
stillness breeds religious intolerance,
and behind every utopian demagogue

is a kinky fantasy about getting laid.
The snow falls and you die. God is the name
of the music that drives us on. Noah this,
Noah that. Another pair of wings. Another dying.

LA VERDAD SOBRE NOÉ

Lo más loable de estas hojas
es que su conversación sobre alas
terminara justo cuando empezaban a hinchar
otra vez con el gran diluvio celestial.

A estas alturas, ya no les molesta
la maldita arca, pero si no quieres problemas,
no te metas con la edad de hielo, la puerta
de Morandé 80, o el Puente de Chacao.

La verdad sobre Noé, les escuché decir una vez,
es la verdad del hombre en general:
el tiempo libre da paso a la decadencia
y detrás de cada demagogo utópico

se esconde alguna pervertida fantasía sexual.
La nieve cae. Dios es el nombre de la música aquí
y allá. Que Noé esto, Noé lo otro. Bla, bla, bla.
Aquí hay otro par de alas. Aquí hay otro morir.

THE GREAT POEM OF THE 20TH CENTURY

I

I lost my notebook on Aerolíneas Argentinas—
Buenos Aires to Santiago
with a stop in Mendoza.

Two-hundred-six pages of surrealist
laments, dime store eroticism,
and third-world melancholy

that would have made Rilke puke
flushed out like blue ice over the Andes.
God and I have an agreement:

I do stupid things and he lets me pick up the tab for them.
I ease my pain sipping pot after pot
of orange pekoe steeped in cream

at the Café Riquet in Valparaiso,
watching my fountain pen bleed
through three-ply napkins, scribbling

Euclidean notions, collapsing trapezoids,
courting the muse of Baudelaire,
failing, imagining the sex life

EL GRAN POEMA DEL SIGLO VEINTE

I

Perdí mi croquis en Aerolíneas Argentinas
Buenos Aires a Santiago
con escala en Mendoza.

Doscientas páginas de seudo surrealismo
de erotismo tienda "todo a mil",
de poses mesiánicas,

en resumen, todo un cocktail de mierda
capaz de haberle dado arcadas a Rilke,
ahora desaparecido como hielo azul

evacuado sobre los Andes.
Dios y yo tenemos un acuerdo:
yo hago estupideces y él deja que las pague.

Paso mi pena tomando taza tras taza
de té reposado en crema
en el Café Riquet de Valparaíso.

Observo como mi pluma sangra
las servilletas de tres hojas.
Dibujo nociones Euclidianas,

of the woman married to the inventor
of the ingenious release system
on the saccharine dispenser.

I sprinkle salt into the complementary seltzer.
I nibble a macaroon and peruse
the surnames of letter-writers

to the op-ed page
of the right-wing daily
from Santiago.

II

The price for writing a poem
is a lung or a toe,
or worse, five years of your life.
I am supposed to be a new-age poet,

politically correct, illuminated
in universal love, a sober non-smoker
snuggling with Siamese cats and awakening
to fresh basil growing in the garden.

But Latin America has made me
cynical and bourgeoisie:
a once proud anti-Reaganite wearing
Windsor knots and maneuvering cocktail napkins

colapso trapezoides, cortejo
la musa de Baudelaire, fallo,
imagino la vida sexual de la mujer

del hombre que inventó
el ingenioso sistema
dispensador de sacarina.

Muerdo una cocada y pondero
los apellidos de los remitentes en la sección
cartas al editor de *El Mercurio de Santiago*.

II

Escribir un poema que valga la pena
cuesta un pulmón o un dedo,
o peor, cinco años de tu vida.

Iba a ser el poeta de la nueva era,
políticamente correcto, iluminado
por amor Dalailámico, un no-fumador

comulgador con felinos siameses,
cultivador de hortalizas orgánicas,
un maestro de cilantros y albahacas.

Pero Latinoamérica me ha vuelto cínico y burgués:
Antes era un encapuchado anti-Reagan,
ahora practico mi nudo Windsor

so as not to attract
raised eyebrows
from Chilean oligarchs
who sign my paychecks.

I have become the poet of
dark-stained mannequins
dueling silently with Armani ties
and exaggerating the *erres*

in their Basque surnames:
Izurrieta, Yrarrazabal, Undurraga.
In my spare time,
I conduct dream workshops

for a muffler welder, an English teacher,
and the middle-aged housewife
of the radar technician
on a 2nd rate petroleum freighter—

which brings me to my point,
the future of poetry at the end
of the 20th century.
Perhaps the graduate student editor

of the East Alabama
Neo-Gospel Review was right:
my poems are just plain bad.
There is no excuse for them.

acomodando el pañuelo de mi solapa
para no alzar las cejas
de oligarcas que firman mis cheques.

Me he convertido en el poeta de maniquíes
bien bronceados que se pelean a muerte
en la guerra de generales llamados Armani y Versache,

exagerando las erres de sus apellidos vascos:
Izurrieta, Yrarrázabal, Undurraga.
En mi tiempo libre dirijo talleres de sueños

para un soldador de silenciadores,
dos profesoras de inglés, y la esposa
de un técnico de radares de un buque petrolero—

lo que me devuelve al tema central,
el futuro de la poesía a finales del siglo veinte.
A lo mejor el estudiante en practica

que reemplazaba al editor de la Revista Literaria
de la Universidad Oriental de Alabama
tenía razón: mis poemas son indefendibles.

Hasta mi madre me acusa de
expropiar sufrimiento de aquellos
que han sufrido mucho más que yo.

Even my mother accuses me
of expropriating suffering
from those who have suffered
a hell of a lot more than I.

Your days trudging through Nigeria
are over, she said,
you have a live-in maid,
an automatic bill-paying service.

She may as well have driven
a skewer through my heart, a post-it
flailing in the wind, saying,
your best writing is behind you.

III

This whole thing started when
I was denied entry into Brazil.
Who could have known
Milwaukeans need visas to go to Bahia?

The authorities placed me
on the first flight to Buenos Aires
and somewhere between there and here
my poems disappeared into thin air.

"Tus días vagando por Nigeria se acabaron", me dice.
"Tienes una empleada puertas adentro.
Pagas tus cuentas con cobro automático."

Habría sido mejor que me hubiese
ensartado el corazón con una nota flameando:
"Tus mejores poemas quedaron atrás."

III

¿Cómo iba a saber
mi agencia de viajes en Valparaíso
que los poetas de Milwaukee

necesitamos visa para entrar a Brasil?
La policía de inmigraciones en Sao Paulo
me rechazó. Me puso a mí y a Pilar

en el primer avión de vuelta a Buenos Aires
y en algún momento entre allí y aquí
mis poemas desaparecieron.

IV

Who will bless us if we can't bless ourselves?
God and I have an agreement.
I am supposed to write this down:
I lost my notebook on Aerolíneas Argentinas—

Buenos Aires to Santiago with a stop in Mendoza.
He is supposed to say, what is this crap?
He is supposed to be wise.
Then again, he is supposed

to be a she or perhaps an it,
an ubiquitous something emanating
eternity. I say He, She, or It is merciless silence
bearing down on my soul, insisting

I pour through lies and dark space
standing naked face to face
with what I'm most afraid of:
me.

IV

Dios y yo tenemos un acuerdo:
Se supone que deba escribir
lo que me sucede. Así parto:

Perdí mi croquis en Aerolíneas Argentinas
Buenos Aires a Santiago
con escala en Mendoza.

Se supone que él diría,
"¿Y qué es esta mierda?"
Se supone que él es sabio.

O puede que no sea un él
sino una ella o un esto,
un algo ubicuo

emanando eternidad. Yo digo
que es el silencio arrastrando
mi alma de puerta a puerta,

catapultándome por el vació etéreo,
dando vuelta tras vuelta, hasta encararme
con lo que más me atemoriza:

Yo.

V

I hear by don you, seltzer,
and you, macaroon, the harbingers
of everything that is real,
the augurs of perpetual epiphany.

With this sip I will be born into deep waters.
The thick wafting air
will heave and split
and I will stand alive

in the moist grip of eternity.
Henry the waiter brings me
a stack of new napkins to doodle on.
Behind him stands God.

He is supposed to be an admirer of good poems.
Eternity is a strange thing, He says.
I thought He would urge me on.
I thought He might cry.

I thought He might forgive me.

V

Brindo por esta cocada,
porque al morder siento
el heraldo que anuncia

un placer indescriptible,
el augurio de una epifanía
perpetua y desencadenada.

Con este sorbo
naceré en aguas profundas.
El olor a merengue separa

a los muertos vivos
de los vivos muertos. Enrique,
el garzón, me trae otra pila

de servilletas para mis dilaciones
jeroglíficas. Detrás de él está Dios.
Se supone que él admira poesías.

"La eternidad es más extraña de lo que parece", murmura.
Pensé que por lo menos me animaría.
Pensé que lloraría. Que me perdonaría.

I AM NOT COMING HOME
Con Con, Chile, 1998

My father strokes his foundry-chiseled chin
with the tender flesh of an unclenched fist.
For him, the crepuscular light is an atom split
to the core, a fire in the hole of a blast furnace

breaking the black-sooted bowels of dawn
into morning. We are walking a beach of dead fish
and crenellated bones. The swells rise into the
rivulets of promontory rocks like a dog's tongue

exploring the soft flesh of everything.
I am not coming home. My father does not know
which of the emerging stars will descend
its iron-ladle arm and scrape the last gasp of slag

off the twilight, plucking him out like an ounce
of pure gold—or liquid silver—into the night,
where his mother waits, knitting patiently
the frayed tips of solitude's broken wing.

I AM NOT GOING HOME
Con Con, 1998

Mi padre acaricia su mentón cincelado
por fundición. Para él,
este crepúsculo es un átomo partido,
un fuego que arde en el alto horno, que,

devorando las cenicientas entrañas del alba,
las convierte en mañana. Caminamos por una playa
de peces muertos y espinas almenadas. Las olas
empapan las rocas como la lengua de un perro

que busca la suave piel de las cosas.
I am not going home. Mi padre no sabe
cuál de las estrellas nacientes extenderá
su cucharón de fierro, raspando el último jadeo de escoria

del ocaso, extrayéndolo como una onza de oro puro—
o plata líquida—hacia la noche
donde su madre aguarda, zurciendo pacientemente
las puntas deshilachadas de la soledad, su ala quebrada.

PASSAGE

Doña Cecilia says I read too many newspapers.
They'll only make you sick, she says,
flicking her lipstick-tipped cigarette
against the oak-stained gallery of old
daguerreotypes depicting longshoreman and clipper ships.

And so it is I became a man
at 5:15 on a winter afternoon
ripping open a dinner roll
and savoring it with mild green chili peppers
in a pink vinaigrette.

A cute gringo like you should be out hunting *morenitas*.
What's with all the newspapers?
And so we hum our way home in the dark,
half afraid to close our eyes,
half staving off sight.

It is six years to the day
since my most mediocre accomplishment:
honorable mention in the Minnesota chapter
of the Academy of American Poets' contest.
I raise a triumphant Diet Coke toward no one

PASAR

Doña Cecilia dice que leo demasiados diarios.
Te hace mal, me dice,
botando la ceniza de una colilla
manchada de lápiz labial.
Y así me convertí en hombre,

a las 17:15, una tarde de invierno,
saboreando una marraqueta
con ají verde y vinagreta.
Un joven como tú debería estar pololeando.
¿Para qué lees tantos diarios?

Y así musitamos de vuelta a casa en la oscuridad,
un poco temerosos de cerrar los ojos,
dilatando el encuentro de la mirada.
Es que hoy cumplo seis años
de mi hazaña más mediocre:

haber ganado la mención de honor
en un concurso estatal de la Academia de Poetas Norteamericanos.
Levanto mi Coca Light y brindo al aire
saludando, de paso, a los viejos actuarios
jugando dominó en el Bar Inglés de Valparaíso.

and salute the gentrified dominos players
of the Old English Bar in Valparaíso.
And so the world sings itself to sleep.
The winner that year shacked up
with a Cuban deconstructionist.

Six years later, she inventories
medical equipment and writes no more.
And so we are born again from broken wings.
This is not the truth of elevators.
It is the gospel of ecstasy

and the plump waitress;
it is the resurrection of gray-haired men
pining for golden days before the Panama Canal,
when the world was a ship
seeking safe harbor in Valparaiso.

And so it was. And so it will be
that nothing again will be the same.
Never again will I feel so divine,
so human, so weak. And no other
chili pepper will taste so sweet.

Y así el mundo se acuna para dormir.
La ganadora de '91 se emparejó
con un exiliado de La Habana
que le aforraba entre citas de Jaques Derrida.
Hoy inventarea equipos médicos y ha dejado de escribir.

Así renaceremos con alas rotas.
Esta no es la verdad de ascensores.
Es el evangelio del éxtasis
y de la garzona redonda,
es la resurrección de hombres canosos

que añoran una época dorada
que no conoció el Canal de Panamá
cuando todo el mundo era un barco
buscando abrigo
de los temporales del Pacifico Sur.

Y así fue. Y así será
como nada volverá a ser lo mismo.
Nunca más me sentiré tan divino,
tan humano, tan vulnerable.
Y nunca habrá otro ají con semejante dulzor.

3

MADRIGAL

I

This morning the one-eyed pigeon
came begging at my window.
It was a Cezanne still life of suffering.
My eyes flinched, but found nothing,
only that empty socket with its soliloquy
of brine and salt and mist and rain.

I went to the kitchen for some rice
and stale bread. In the distance
the sun splashed over a sea
of tiny waves. Cranes hoisted
apples and kiwis onto iron ships.
We are loveless and have no mercy. Eat.

II

A friend—an admitted aficionado of loons,
sparrows, wood ducks, and red-winged
bedouin blackbirds—told me once
the pigeon is a near soulless bird,
pathetic, impoverished, timid,
mercenary, and dumb.

MADRIGAL

I

Hoy día me despertó la paloma tuerta.
Era como si Cezanne hubiese pintando
un amanecer titulado "Sufrir",
encontrando en la cuenca vaciada,
un soliloquio de desperdicio, sal y aire.

Fui a la cocina a buscar arroz
y pan añejo. A la distancia
las grúas cargaban manzanas
en barcos de acero.
No merezco ni la sombra de tu amor. Come.

II

Un compañero—
aficionado a somormujos
y cormoranes; autodidacta
en colibríes, gorriones, y mirlos de alas rojas—
me dijo una vez
que la paloma era el más plebeyo
de los alados seres señoriales,
más tonto que una puerta,
un mendigo inmundo,
ateo e ignorante.

That was the winter of '85.
Reagan had gotten four more years,
and George, fresh from getting laid,
was stoned again, listening to revelations
on the life of 'Trane and dreaming of escape
into the cold dawn of Minneapolis.

I was a failure in the college crotch wars,
allergic to plastic leaves and utilitarian
kisses. George said my time would come
if only I'd bolt for the sailor bars of Mikonos
or succumb to cheap beer
in the whorehouses of Taipei.

I sat in my bunk as they banged away
beholding each gasp and shriek
as if it were the very epiphany of love
sucked clean from the tit
of disaster.
We are loveless and we have no mercy. Eat.

Eso fue el invierno del '85.
Reagan recién ganaba
cuatro años más, y George,
habiendo pasado sus penas eyaculando
en otra mujer, ya estaba volado
otra vez, haciendo bailar su Marlboro
en el aire, interrumpiendo
con sus teorías ornitólogas
mis divagaciones sobre la vida de John Coltrane,
y soñando su escapada hacia
el frío amanecer de Minneapolis.

Fui un fracaso en las guerras de entrepierna,
alérgico a la triquiñuela utilitaria,
inútil con los códigos cómplices
que terminaban en torpezas carnales.
George me animaba diciendo que mi tiempo llegaría,
que bastaba una vuelta por el barrio puerto de Atenas
o una noche de cerveza añeja en los prostíbulos de Taipei.

Desde mi litera inferior,
contemplaba el crujir de resortes
atento a cada grito
como si fuese la epifanía del amor
succionada de la teta
del desastre.
No merezco ni la sombra de tu amor, come.

III

Here's the point:
not every poem arrives at the ledge
and asks for dinner. Sometimes
I have to pluck white worms from the sand.
Sometimes I impinge
upon the clemency of a flower.

IV

I read in the dictionary about brood parasitism,
practiced by cuckoos and cowbirds,
who lay their eggs in the nests
of other birds causing them
to be hatched and reared at the expense
of the host's own young.

And what if mother and child
believe in different gods? Child
in the assiduous world
of dream, mother
in the alchemy of the rose?
Webster said nothing about it.

III

Este es el punto: no todos los días
se asoma un poema a tu ventana.
A veces hay que cazar gusanos blancos en la arena.
A veces invado la clemencia de una flor.

IV

Leí en el diccionario sobre aves parásitas,
que ponen sus huevos en nidos de otros pájaros
haciendo que estos las empollen y las alimenten
a expensas de las crías del anfitrión.
¿Y qué pasa si el niño es soñador;
la mamá una alquimista de rosas tristes?
La RAE no dice nada al respecto.
A la distancia, las grúas siguen sin parar.
No merezco ni la sombra de tu amor. Come.

V

In '88, I got a note saying George
was doing five to ten for statutory rape.
My bird guru gone, I fell in with
a gynecologist whose mother read my cards.
They said I was the worst kind of Gemini:
sweet and dreamy, a vagabond and a drifter.

I promised Monique eternal love, then
dumped her for a poet followed
by an extra in a Prince video,
an executive in a Brazilian bank,
a Dutch pianist's daughter. Sometimes
I impinge upon the clemency of a flower.

And so it is written at the collision of birth and stars:
these will be your ejaculations, these
the vicissitudes of memory.
These will be your near-misses as you lunge
for love, these the chapped lips
you will cover with clumsy kisses.

V

En el '88, supe que por estupro
le habían dado a George de cinco a diez.
Encarcelado mi gurú de pájaros,
me dejé seducir por una ginecóloga
cuya madre leía mis cartas.
Decían que era el peor de los géminis:
dulce y soñador, un vagabundo sin parar.

A Monique le había prometido amor eterno,
pero a poco andar la dejé por mi primera poetisa,
seguido por una extra en un vídeo de Prince,
una ejecutiva de un banco brasilero,
y la hija de un pianista holandés.

A veces invado la clemencia de una flor.

Y así está escrito en la colisión
de nacimiento y estrellas:
estas serán tus eyaculaciones, estas
tus vicisitudes memoriales. Estos
serán tus casi aciertos
embistiéndote hacia al amor, éstos
los labios partidos
que cubrirás con besos torpes.

VI

My pigeon went flying.
She heaved and lurched
and sprung forth.
I felt like a tiny boat
left to sway in the still water.
I don't want to be beautiful any more.

I don't want to stare in mirrors
and miss the pattering of the rain.
I don't want to make love
without making love.
I don't want to live a breath more
than my last kiss or poem is needed.

VI

Mi paloma se fue.
Me sentí como un botecito
a la deriva en el agua sosegada.

Me aburrí de ser hermoso.
Quiero quebrantar mis espejos
canjeando los pedazos
por una torta de lluvia.

Ya no quiero hacer el amor
sin hacer el amor.
No quiero vivir ni un respiro más
que mi último beso o poema necesite.

4

THE OLD GERMAN TRAINS

Chilean women like clean bathrooms,
like the woman of Brazil,
or any other country
where the people are dignified
and walk slowly into the wind,
into the green hills of morning.

But it is neither morning
nor particularly clean.
We're men, you know.
Our aim is bad enough.
But multiply that times the train
trembling, and another spectacular

Santiago sky at sunset, one
soft explosion after another, bruising
the delicate under-breasts of clouds.
The bathroom is a mess.
It's a little known fact
the black, effluent haze

LOS VIEJOS TRENES ALEMANES

A las chilenas les gustan los baños limpios.
Igual a las brasileñas,
o a las de cualquier país de gente digna,
lenta en su caminar, encarándose
contra el viento, ascendiendo cada día
su cerro vestido de verde amanecer.

Somos hombres, sabes.
De mala puntería. Pero
multiplica lo anterior por el ronroneo
del fierro sobre los rieles,
y por la provocación
de otra espectacular puesta de sol

sobre el sur de Santiago,
una tenue explosión tras otra,
moreteando la delicada piel
de las nubes desde sus caderas
hasta sus pezones…
el baño es un desastre.

escaping the copper smelter in Rancagua
actually helps the sunsets,
turning now to a milky egg-white gray,
just as beautiful
as an old German train,
and the telephone poles winding slowly

by, picking up steam in that last moment
when the sun disappears and
the egg yolk squeezes out,
as if through giant hands.
A man designed this train
thinking of a woman.

The dark-stained maple, soft
and precise as a woman's waist
passing through the palm of a man's hand.
At night, you can reach a hand
through a window and embrace
the night's darkness without ever wondering,

"How much time has passed
in an old German train?"
I don't know. I know only
that time has passed, for
I have forgiven the empty bottles
of Fanta and Orange Crush

Pocos saben que el smog de las micros,
más el manto de las chimeneas
desde San Bernardo hasta
El Teniente, se convierte,
como la muerte, en un trasfondo
que mejora los atardeceres

llegando a ser un gris de huevo lechoso
tan hermoso como un viejo tren alemán;
los postes de la CTC
seduciendo con su repetir,
la locomotora acelerando suavemente
hasta aquel último momento

en que el sol desaparece
y la yema se desparrama,
como si la hubieras tratado de retener
en la palma de tu mano.
Un hombre diseñó este tren.
Un hombre pensando en una mujer.

El arce con su barniz de roble,
oscuro, suave, preciso,
como la primera cintura que jamás besaste,
magnífica en su perfección
rozada imperceptiblemente
entre el silencio y tu vello dactilar.

littering the causeway under the emerging stars.
Time has passed, for
I have abandoned my tenement anger
of old slums for the invisible
dream of labyrinths, the intricate
switch-switching of the steel rails

granting us free and safe passage
through the foreign country
of a freight yard on the outskirts of Santiago.
In the dark haze of distant fields,
I imagine the faces of old poems
resurrecting my grandfather:

his politics and anger.
Just another old Jew from the Polish slums
I swore I'd fight for. So,
in this evening of old mists,
I try to make a stew and
put everything in it. But

an old German train is like
the best kind of woman:
stubborn, undefeatable.
When Grandpa died, I thought
I'd take the train
from Minneapolis to Florida. But

Cuando cae la noche puedes penetrar
el vacío con un brazo, captando
la huida húmeda del viento,
abrazando la oscuridad sin siquiera
preguntarte, "¿Cuánto tiempo llevo
viajando en un viejo tren alemán?"

No sé. Sólo sé que el tiempo
ha pasado, porque he indultado
las botellas de Fanta y Orange Crush
que basurean el cauce del ferrocarril
destellando como luciérnagas
de luz robada a las estrellas.

El tiempo ha pasado,
porque se me fue mi rabia
de ghettos y arrabales, convertida
ahora en un sueño de laberintos,
inducido por el chillido del cigüeñal,
el rasgar de rieles oxidados

dándonos pase libre
de un carril a otro,
permitiéndonos, por fin,
salir de este país extranjero
que es el patio de trenes
de la maestranza de Rancagua.

that was two thousand miles
and Mom said not to worry about it.
Silently we knew we'd miss him more
dead than alive. Less screaming.
I think of my grandmother,
eighty-eight on Tuesday.

To think that at one time her hips
were forbidden, porcelain saucers
hidden secretly behind a veil.
I think of the rough hands that took her.
I shake my own hand and a few sad drops
dribble on the parquet floor.

The guidebook said, "See Chile.
Ride the old German trains."
And so I packed my bags on a career
and the only woman I thought I'd ever love
knowing that at her age the first
three months and eight thousand miles

would be too much for her.
We all have moments when fear grips us
and we must leave it behind.
Then we find ourselves on foreign soil,
the night littered with the dead
bodies of innumerable pasts.

Entre la niebla de los maizales
imagino los rostros de viejos poemas
que resucitan a mi abuelo: su política
y su cólera. Un viejo judío
escapado de los ghettos de Varsovia
deambulando por mis venas.

Así, durante esta noche de espectros,
esta negrura de aullidos callados,
trato de hacer una cazuela
y meter todo encima. Pero
un viejo tren alemán
es como la mejor de las mujeres:

obstinado, indomable.
Cuando el abuelo murió quise
tomar el tren de Minneapolis a Florida.
Pero me alejaban dos mil millas
y Mamá dijo
que no me preocupara.

Todos sabíamos lo que nadie quería decir:
lo queríamos más muerto que vivo.
Menos amargura.
Pienso en mi abuela,
ochenta y ocho el martes.
Pensar que una vez sus caderas

Past every love there is an even darker night.
An impenetrable mist. A knock
comes at the door. Then the day
comes in its dress of green hills.
We disembark somewhere.
Only the train moves on.

fueron deliciosas, impalpables,
como platos de porcelana
guardados en la vitrina.
Pensar en las manos rudas que la tomaron,
igual a las mías, que lo sacuden,
dejando pequeñas pozas en el piso.

La guía decía: "Conozca Chile.
Viaje en Antiguos Trenes Alemanes".
Así fue que dejé mi cátedra
y la única mujer que creía capaz de amar,
sabiendo que a su edad los tres primeros meses,
a ocho mil millas, no los aguantaría.

Todos tenemos momentos
cuando el miedo se nos apodera.
Hay que dejarlo atrás. Por fin
nos encuentra un suelo extranjero,
con sus estrellas de cadáveres, con sus
encrucijadas olor a rocío y a ayer.

Después de cada amor llega la noche más oscura.
Una neblina impenetrable. Alguien
golpea la puerta. ¡Despierta!
El día ha llegado con su vestido
de colinas verdes. Nos bajamos
en algún lugar. Solo el tren sigue su marcha.

TO THE ONLY MEMBER OF THE 114TH INFANTRY LEFT STANDING AT DAWN, APRIL 10TH, 1945, AFTER THE BATTLE OF HACKSAW RIDGE, OKINAWA

A Temkin Thanksgiving begins
when my uncle utters the words
baruch attah Adonai: blessed
be He who brought us this holy bread.

Then he leans back in his chair
and loses himself studying the two rows
of faces, his own stout head and eyes
a bit thinner this year, what for
the doctor's orders that protect his ailing heart.

Amen. Cousin Gregg and I
are slowly creeping towards him.
Grandpa Louis has been dead five years
and we are no longer welcome
with the children at the make-shift end table.

But that is an ancient story.
My uncle has to pick his place in conversations.
He has only one good ear, but he's learned
to shift his hip with each sinew of conversation
so he gets most of what is happening.

AL ÚNICO MIEMBRO DE LA INFANTERÍA 114
QUE AMANECIÓ VIVO, EL LUNES 10 DE ABRIL DE 1945,
TRAS LA BATALLA DE LA QUEBRADA HACKSAW, OKINAWA

Una cena del día de Acción de Gracias en casa de los Temkin
no puede empezar hasta que mi tío pronuncia las palabras
Baruch ata Adonai: alabado sea El que nos da este pan.
Luego se reclina en su silla y se pierde en trance, mirando

los rostros que le rodean. Su cabeza de granito
y ojos esmeralda nos parecen un poco más flacos este año,
gracias a la receta médica que protege su frágil corazón.
Amén. Mi primo Gregorio y yo lo estamos acercando.

Hace cinco años que el abuelo Louis se nos fue
y ya no somos bienvenidos con los chiquititos que intrusean
en la mesita improvisada que agregaron al fondo.
Pero esa es una vieja historia.

Para mi tío no es fácil participar en las conversaciones.
Le queda un solo oído, pero pivotéa extrañamente la cadera
de tal manera que cacha casi todo lo que está sucediendo.
Y si no hablas lo suficientemente fuerte

no te sorprendas si te pide que le repitas, por favor.
Tu opinión le importa, aunque la suya no en demasía.
Mi madre me dice "Es un misterio lo que le pasó en la guerra".
Pero tampoco hablará de esto. Dos o tres veces cada hora,

And if you don't speak loud enough
he may ask you to speak again.
He has a position on world events
but he won't speak it. Mother says
it is a mystery what happened to him during the war.

But he won't speak about that either.
Two or three times every hour,
he leans back in his chair
and studies the contours of each face
descending down the table

on either side of him:
the new grandchildren,
two this year,
the new boyfriends and girlfriends,
whose names he always remembers.

estudia golosamente las siluetas de cada rostro que le envuelve,
el pelo parado de un sobrino nieto recién nacido, las manos inquietas
del pololo de una prima, a quien ni siquiera se le pasa por la mente
que su nombre será recordado para siempre.

THE RIVER JORDAN

We are pilgrims from America.
Our guide speaks the native dialects,
gets the bus into restricted areas.
Shaiki is legend among the guides;
he sits in back with the children.

He gestures through bus windows,
talks with palms and fingers. Still
the officers want him to come out.
A woman from Utica rises
from her seat behind us, hovering
over me on the way to her daughter.

Janice and I are in the middle of our
tenth consecutive game of backgammon,
the little stains on her shirt
teaching me there is no advantage
having large breasts
on such hot days.

Her mother wants us to look
at the two officers, wants us
to see how old they are; two kids
ask Shaiki if they can pose for pictures,
ask if he brought cigarettes.

EL RÍO JORDÁN

Somos peregrinos americanos.
El guía habla los dialectos locales,
apaciguando custodios nerviosos,
accediendo áreas restringidas.
Shaiki es toda una leyenda entre los guías,
le gusta sentarse atrás con los niños.

Ahora hace señas por las ventanas,
hablando con palmas y dedos. Pero
un oficial quiere que se baje.
Una mujer de Utica se levanta
de su asiento, lanzándose
sobre mí en busca de su hija.

Janice y yo jugamos nuestra
décima partida de backgammon.
Las manchitas en su blusa
me enseñan la futilidad de
tener los pechos grandes
bajo el calor del desierto.

Su madre quiere que miremos
a los dos oficiales, quiere
que nos demos cuenta de su edad: dos chicos
le piden a Shaiki si se pueden sacar una foto con él,
le preguntan si trajo cigarrillos.

He knows how large the river is
in our minds, we from New York,
Milwaukee, Chicago.
In the back he told us,
as the bus moved through the desert,
that it was really barely a river

at all. That in places
it was nothing more than a creek,
a sewer. All this said
without the aid of those great
hands and fingers,

as if we could forget
that approaching dusk, the women
arriving in slow steady streams
from the East, bending over
to rinse their things
in the red, silty waters.

Conoce el tamaño del río
en nuestras mentes,
nosotros de Nueva York,
Milwaukee, Chicago.

Atrás nos contó,
a medida que el bus avanzaba por el desierto,
que apenas era un río. Que en algunos tramos
no era más que riachuelo,
una alcantarilla. Todo dicho
sin la ayuda de esas grandes
manos y dedos,

como si pudiésemos olvidar
que al acercarse el atardecer, las mujeres
se arriman lentamente
desde el Este
para lavar sus cosas
en las turbias aguas rojas.

DRIVING THROUGH IOWA
ON A MONDAY AFTERNOON

All through the fields
where my grandfather lies
the corn is waving, reaching, fraying.

"It was so good of you to go and see him,"
my mother is sure to say.
"It meant so much, so much."

But when I left the hospital,
the little man crumpled in my arms,
his waist held back by the restrainer,
his hands reaching out,
I thought, this man—
who the police have threatened to put behind bars
because he keeps driving
long after they've taken away his license—
does not want to die.

This man—who once told the rabbi
to go to hell, because he was asked
to take turns leading prayer service on Friday night—
has nothing
if I don't love him.

MANEJANDO POR IOWA
UN LUNES EN LA TARDE

A lo largo de los maizales
donde yacía mi abuelo
el choclo se mece, se alza, se deshilacha.

"Que bueno que lo fuiste a ver",
dirá mi mamá.
"Significaba mucho para él, mucho".

Pero cuando salí del hospital,
el hombre colapsado en mis brazos,
la extraña cintura de seguridad tirándolo
hacia atrás, sus manos tratando de alcanzarme,
pensé, este hombre—
a quien la policía amenaza con cárcel
porque sigue manejando
con la licencia vencida—
no quiere morir.

Este hombre—que una vez mandó al rabino
al carajo por pedirle
que se turnara
al recitar las oraciones del Sabat—
no tendría nada, si yo no lo amo.

In September, in Iowa
the fields go on forever
and I wonder if I will ever have enough love
to calm those trembling hands.

El otoño en Iowa
es un mar de colinas suaves,
un olear que desborda
su espuma de surcos y maizales.
¿Tendré alguna vez suficiente amor
para calmar tantas manos
de ahogado y náufrago?

BANNING JUNCTION

My sister, they say, lives in a cage
of bones. But I know she's been spotted
wandering the pines, the sycamore, the fleeting rain.

And when she left this world there was no doubt she was finished,
except to say good-bye one last time. So she slipped in

to the spirit of a white-tailed deer
and waited for me at Banning Junction.
And when I came out of the wood, I saw her standing there.
And she didn't run, as most deer do,
but paused in the tall grass.
And when she was sure that I wouldn't run after her,
that I wouldn't try to touch her or bring her back,
that I wouldn't reach into my pack and take a picture,
or cry, or make stupid faces,
then she went back to her lunch of wild blueberries
and I went down to the river to wash my hands.

DOS CAMINOS

Mi hermana, dicen, estaría bien
en su jaula de huesos. Pero sé que la han visto
pasearse entre pino y alerce; una estrella fugaz
que se asoma en la llovizna intermitente.

Y cuando terminó su tarea, nunca dudó de su desaparecer
excepto para decir adiós una última vez. Así fue

como se introdujo
en el espíritu de un ciervo de cola blanca
y me esperó en el encuentro de dos caminos.
Y cuando salí del bosque allí la encontré.
Y no se espantó, como suelen hacer,
sino que se detuvo entre la alta hierba.
Y cuando estuvo segura que no correría detrás de ella,
que no trataría de tocarla ni traerla de vuelta,
que no metería la mano en la mochila, que no la fotografiaría,
que no lloraría, ni me quedaría congelado
con mueca de tonto, sólo entonces
retomó su merienda de fresas silvestres
mientras yo bajaba al río a lavarme mis manos de greda.

ABOUT THE AUTHOR

Todd Temkin was born in Milwaukee in 1964. He received his M.A. at the University of Minnesota in 1992 and taught several courses of poetry writing at the same institution before surprising his colleagues by announcing his impending move to Chile.

The next year found him living in the port of Valparaíso, teaching North American Literature at the Catholic University. Inspired by the city's unique character and simultaneously impacted by her paradox of urban neglect, he surprised his colleagues once again by resigning his academic post to found a non-profit foundation, the Fundación Valparaíso. Five years later, the city of Valparaíso was named a UNESCO world heritage site.

Todd Temkin has twice been nominated "Person of the Year" by *El Mercurio de Valparaíso*, the oldest newspaper in the Spanish speaking world. In 2002, he was named Honorary Architect by the Chilean National Society of Architects. His poems have appeared in a wide variety of journals and magazines throughout the United States and Latin America. He resides in Valparaíso with his wife and two children.